I FILE AUDIO MP3 SCARICABILI per questo libro sono disponibili su

newampersand.com/storie

Belle storie brevi in italiano e coreano -
Libro illustrato bilingue / doppia lingua per principianti
con file audio MP3 scaricabili

Di Hye-min Choi

979-11-93438-05-3

Tutti i diritti riservati. Nessuna parte di questa pubblicazione può essere riprodotta, distribuita o trasmessa in alcun modo o con mezzi, incluse fotocopie, registrazioni o altri metodi elettronici o meccanici, senza il previo permesso scritto dell'editore, tranne nel caso di brevi citazioni inserite in recensioni critiche e certi altri utilizzi non commerciali consentiti dalla legge sul copyright.
marketing@newampersand.com

www.newampersand.com

I FILE AUDIO MP3 SCARICABILI per questo libro sono disponibili su newampersand.com/storie

내가 어렸을때
Quando Ero Piccolo

내가 어렸을때,
Quando ero piccolo,

모든 것이 신기해 보였어요.
Tutto sembrava affascinante.

아빠는 힘이 세고, 엄마는 요리를 잘했어요.
Papà era forte e mamma cucinava bene.

나도 어른이 되고싶다!
Volevo diventare grande anche io!

어른이 되면 어떤 멋진 일들이 생길까?
Quali meravigliose cose accadranno quando sarò grande?

꿈속에서
Nei Sogni

어제 밤에 꿈을 꾸었어요.
La scorsa notte ho avuto un sogno.

나의 몸에 날개가 달려있었어요.
Avevo delle ali attaccate al mio corpo.

하늘 높이 올라가서, 아래를 보았어요.
Volando alto nel cielo, guardavo giù.

모든 것들이 작게 보였어요.
Tutto sembrava piccolo.

장난감 같이 작은 사람들.
Persone piccole, come giocattoli.

솜사탕 같은 구름!
Nuvole, come zucchero filato!

나는 이제 어른이 되었어요.
Ora, sono grande.

어른으로 사는 것은 정말 피곤해!
Vivere da adulto è davvero stancante!

아침 일찍 회사에 가고, 저녁 늦게 집에오지.
Andare al lavoro presto al mattino,
tornare a casa tardi alla sera.

아! 다시 어린이가 되고싶다!
Ah! Vorrei essere di nuovo bambino!

구름에 앉아보려고 했어요.
Ho cercato di sedermi su una nuvola.

하지만, 가까이 다가가니 사라져 버렸어요.
Ma avvicinandomi, è scomparsa.

너무 오래 날아다녀서 피곤해졌어요.
Ho volato troppo a lungo e mi sono stancato.

힘이 빠져서 땅으로 떨어진다!
Esausto sono caduto a terra!

쾅! 아이고 아프다!
Bum! Accidenti, fa male!

침대에서 떨어졌네.
Ero caduto dal letto.

I FILE AUDIO MP3 SCARICABILI per questo libro sono disponibili su newampersand.com/storie

친구가 생겼어요
Ho Conosciuto un Amico

오늘은 정말 기분이 좋아요.
Oggi mi sento davvero felice.

학교에서 새로운 친구를 만들었기 때문이에요.
È perché ho conosciuto un nuovo amico a scuola.

그 친구의 이름은 선미.
Il suo nome è Sunmi.

나이는 나와 똑같아요.
Ha la mia stessa età.

나와 선미는 학교에 같이 다녀요.
Sunmi ed io frequentiamo la stessa scuola.

매일 공부를 같이 할 거예요.
Studieremo insieme ogni giorno.

선미는 지금 무엇을 하고 있을까?
Mi chiedo cosa stia facendo Sunmi in questo momento.

내일은 점심도 같이 먹어야지.
Dovremmo pranzare insieme domani.

나의 가장 친한 친구 선미.
La mia migliore amica, Sunmi.

선미와 사이좋게 지낼거예요
Andremo d'accordo,

싸우지 않고.
Senza litigare.

우리는 좋은 친구!
Siamo buoni amici!

I FILE AUDIO MP3 SCARICABILI per questo libro sono disponibili su newampersand.com/storie

강아지와 고양이
Il Cucciolo e il Gatto

멍멍! 이게 무슨 소리야?
Bau! Bau! Che suono è?

강아지 소리 같아!
Sembra il suono di un cucciolo!

어서 소리가 나는 곳으로 가보자.
Affrettiamoci ad andare dove proviene il suono.

어머나 세상에!
Oh mio Dio!

강아지 두 마리가 있어요.
Ci sono due cuccioli qui.

여기에서 무엇을 하고 있지?
Cosa ci fanno qui?

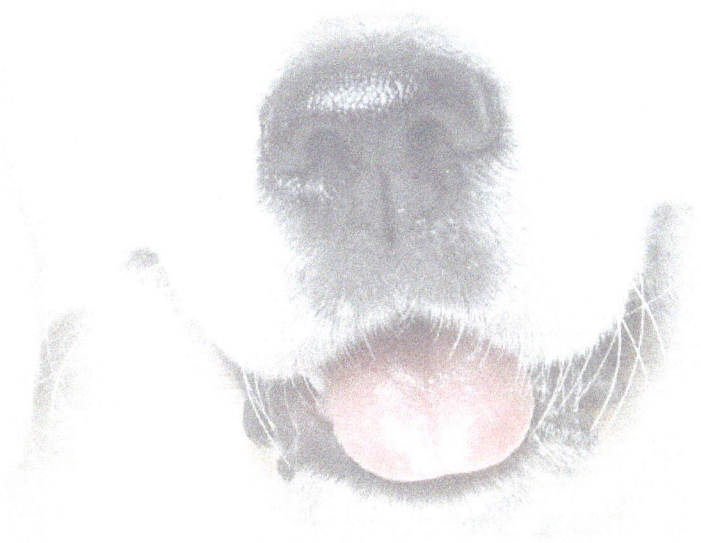

엄마를 잃어버렸나?
Hanno perso la loro mamma?

야옹! 이건 무슨 소리야?
Miao! Che suono è questo?

고양이 소리 아닐까?
Forse è il suono di un gatto?

고양이가 틀림없어!
Sembra senz'altro un gatto!

우와! 고양이가 강아지들의 엄마인가봐.
Wow! Sembra che il gatto sia la mamma dei cuccioli.

고양이가 강아지들을 사랑해!
Il gatto ama i cuccioli!

학교에 가자
Andiamo a Scuola

늦었다! 어서 일어나야해.
È tardi! Devo svegliarmi in fretta.

오늘은 학교 첫날이예요.
Oggi è il primo giorno di scuola.

어떤 친구들을 만날까? 정말 궁금해요.
Chissà che amici incontrerò. Sono davvero curioso.

키가 큰 친구, 재미있는 친구, 조용한 친구.
Amici alti, amici divertenti, amici silenziosi.

모두 만나보고 싶어요.
Voglio conoscerli tutti.

선생님은 어떨까?
E l'insegnante?

무서운 선생님일까? 자상한 선생님일까?
L'insegnante sarà spaventoso? O gentile?

학교에 가는 길이 멀지 않게 느껴져요.
La strada per la scuola non sembra troppo lunga.

너무나 즐거운 마음이기 때문이에요.
È perché sono tanto emozionato.

친구들아! 학교에 가자!
Amici! Andiamo a scuola!

공부 하고, 운동도 하고,
Studiamo, facciamo sport,

많이 배우자!
e impariamo tanto!

I FILE AUDIO MP3 SCARICABILI per questo libro sono disponibili su newampersand.com/storie

없어진 지갑
Il Portafoglio Scomparso

흠, 이상하다. 어디로 갔지?
Hmm, strano. Dove sarà andato?

무엇을 찾으시나요? 기차 역무원이 물었다.
"Cosa stai cercando?" chiese l'addetto alla stazione ferroviaria.

분명히 여기에 있던 지갑이 없어졌습니다.
Sono sicuro che il mio portafoglio fosse qui, ma ora è scomparso.

마지막으로 본 것이 언제인가요?
Quando l'hai visto per l'ultima volta?

약 10분 전, 제가 깜빡 졸기 전에요.
Circa 10 minuti fa, proprio prima di addormentarmi.

주위에는 누가 있었나요? 생각 해보세요.
C'era qualcuno in giro? Pensa.

제가 맞게 기억한다면, 저 사람 한명밖에 없었어요.
Se ricordo bene, c'era solo una persona.

지저분한 머리, 냄새나는 옷... 범인이 분명합니다.
Capelli disordinati, vestiti puzzolenti... il colpevole è chiaro.

실례합니다. 잠깐 가방을 열어주시겠습니까?
Scusa, ti dispiacerebbe aprire la borsa per un momento?

왜 그러시죠? 제가 뭘 잘못했나요?
Perché? Cosa ho fatto di male?

잠시만 협조를 부탁드립니다.
Collabora solo per un attimo, per favore.

여기 있습니다. 잘 보세요. 아무것도 없죠?
Eccolo qui. Dai un'occhiata. Non c'è niente, vero?

네, 그렇군요. 협조해 주셔서 감사합니다.
Sì, giusto. Grazie per la collaborazione.

애석하군요! 지갑은 사라진 것 같습니다.
È un peccato! Il portafoglio sembra essere scomparso.

정말 세상에는 믿을 사람이 없군요!
Davvero, non ci si può fidare di nessuno in questo mondo!

화가 많이 난 그는 자리에서 일어났다.
Furioso, si alzò dalla sua sedia.

그리고 그가 앉아있던 자리에, 그의 지갑이 있었다.
E proprio dove si trovava seduto, c'era il suo portafoglio.

동물원 이야기
La Storia dello Zoo

세상에서 가장 신비로운 곳을 찾는다면, 동물원을 추천한다.
Se stai cercando il luogo più misterioso al mondo, ti consiglio lo zoo.

빠르게 달리는 치타, 아름다운 옷을 입고 있는 공작새,
거대한 코끼리.
Ghepardi veloci, pavoni belli con abiti eleganti,
enormi elefanti.

상상이 현실이 되는 이 공간. 어린이들의 웃음이 멈추지 않는다.
Questo spazio dove l'immaginazione diventa realtà.
Le risate dei bambini non si fermano mai.

동물들은 우리를 바라보며 어떤 생각을 할까?
Cosa pensano gli animali mentre ci guardano?

우리의 대화를 이해 할 수 있을까?
Possono capire le nostre conversazioni?

I FILE AUDIO MP3 SCARICABILI per questo libro sono disponibili su newampersand.com/storie

동물들에게 먹이를 주지 마세요! 경고문이 보인다.
Non dare da mangiare agli animali! Ci sono cartelli di avvertimento.

몰래 주면 안될까? 배 고파 보이는데.
Ma se diamo da mangiare di nascosto? Sembrano affamati.

우리 집에 같이 갈까? 맛있는 음식이 많은데.
Andiamo a casa insieme? C'è un sacco di cibo delizioso.

우리는 좋은 친구가 될 것 같아.
Potremmo diventare buoni amici.

엄마 아빠도 너를 좋아하실거야.
Piacerai anche a mamma e papà.

같이 게임을 하고, 산책도 가고.
Giochiamo insieme, facciamo una passeggiata.

생각만 해도 정말 즐겁다!
Solo pensarci porta gioia!

이제 동물원이 닫을 시간입니다. 안내방송이 들린다.
Ora, lo zoo sta chiudendo. Si sente l'annuncio.

오늘은 안되겠다. 다음에 또 올게!
Non oggi. Tornerò la prossima volta!

다시 만날때까지 잘 지내!
Stammi bene finché ci non rivediamo!

-동물들의 대화-
- Conversazione tra gli animali -

저 아이가 정말 다시 올까?
Pensate che quel bambino tornerà davvero?

아니, 집에 가자마자 비디오 게임을 하면서 우리를 잊어버릴거야.
No, appena arriverà a casa,
ci dimenticherà mentre gioca ai videogiochi.

그래, 우리도 이제는 익숙해졌어.
Sì, ormai ci siamo abituati.

고양이의 복수
La Vendetta del Gatto

나는 페르시안 고양이다. 나이는 다섯 살.
Sono un gatto persiano. Cinque anni.

나는 인간이라는 생명체와 같이 산다.
Vivo con una creatura chiamata umano.

그는 알아듣지 못할 말을 하고, 이해하기 힘든 행동을 한다.
Dice cose che non posso capire e si comporta in modi difficili da comprendere.

그의 목적은 무엇일까? 왜 나를 이곳에 데려온 것일까?
Qual è il suo scopo? Perché mi ha portato qui?

생각을 계속 하면 의심이 가득해진다.
Più ci penso, più il sospetto riempie la mia mente.

결국에는 나를 해치려고 하겠지?
Prima o poi cercherà di farmi del male?

기다리면 안되겠다. 내가 먼저 행동해야겠어.
Non dovrei aspettare. Devo agire per primo.

저 녀석의 약점을 파악하자. 무엇을 좋아하는지,
무엇을 싫어하는지. 자세히 관찰하자.
Cerchiamo di capire le sue debolezze. Cosa gli piace,
cosa non gli piace. Osserva attentamente.

저 녀석을 없애버릴 방법을 찾으면, 바로 실행에 옮기자.
Una volta trovato un modo per liberarmene, agirò immediatamente.

어서 와서 간식 먹어라! 인간이 나를 부른다.
Vieni a mangiare lo spuntino! L'umano mi sta chiamando.

이럴수가! 내가 가장 좋아하는 생선이잖아!
Oh, mio! È il mio pesce preferito!

그래, 너를 없애려던 나의 계획은 잠시 미뤄두지.
Va bene, mettiamo in pausa i piani per eliminarti per un momento.

나는 자비로운 고양이니까.
Perché sono un gatto misericordioso.

저는 누구일까요?
Chi Potrei Essere?

재미난 놀이를 해 봅시다. 저는 누구일까요?
Giochiamo. Chi potrei essere?

힌트를 드릴게요. 잘 생각 해보세요.
Ti do un suggerimento. Rifletti attentamente.

나는 다리가 네개 입니다. 옷을 입지 않아요.
Ho quattro zampe e non indosso vestiti.

고기는 먹지 않아요. 풀을 먹고 살아요.
Non mangio carne; vivo nutrendomi d'erba.

머리에 뿔이 나는 친구들도 있어요.
Alcuni dei miei amici hanno corna sulla testa.

걸음은 느립니다. 성격도 느긋하죠.
Cammino lentamente, e il mio temperamento è calmo.

눈이 크고, 덩치도 큽니다.
Ho grandi occhi e una corporatura imponente.

초원에서 살지만, 인간 가까이에서도 살아요.
Vivo nella prateria,
ma posso anche vivere vicino agli esseri umani.

저의 젖은 인간들의 중요한 음식입니다.
Il mio latte è un cibo importante per gli esseri umani.

또 한가지 특별한 것이 있어요.
C'è anche un'altra cosa speciale su di me.

저는 위장을 네개 갖고 있어요. 소화를 아주 꼼꼼히 하죠.
Ho quattro stomaci. Digerisco molto accuratamente.

자, 이제 제가 누구인지 알겠죠?
Bene, ora sai chi potrei essere, vero?

보물찾기 Caccia al Tesoro

그거 알아? 우리 마을의 호수 바닥에, 엄청난 보물이 숨겨져있데.
Lo sapevi? Si dice che sia nascosto un enorme tesoro in fondo al lago nel nostro villaggio.

누가 그래? 그런 것들은 전부 헛소문이야.
Chi lo dice? Queste cose sono tutte voci false.

아니야! 우리 삼촌이 나에게 얘기해줬어.
Sbagliato! Me l'ha detto mio zio.

삼촌이 어렸을때, 어떤 사람들이 어두운 밤에 호수에 커다란 상자를 던지던 것을 보았데.
Quando mio zio era piccolo, vide delle persone gettare grosse scatole nel lago di notte.

그런데 상자가 열렸고, 안에는 반짝이는 것들이 가득 들어있었데.
E la scatole si aprirono, rivelando all'interno scatole piene di cose lucenti.

그게 무엇일까? 보석? 금화? 왜 호수에 숨겨놨을까?
Cosa potevanoe essere? Gemme? Monete d'oro?
Perché le hanno nascoste nel lago?

정말 궁금하다. 우리가 찾으러 가볼까?
Sono davvero curioso. Andiamo a trovarle?

안돼! 분명히 무시무시한 괴물이 있을거야!
Nemmeno per sogno! Ci deve essere un mostro spaventoso!

에이, 너는 정말 겁쟁이구나. 용기가 없어!
Dai, sei un vero codardo. Non hai coraggio!

그럼 나 혼자 가볼거야. 비밀로 해줘!
Allora ci andrò da solo. Mantieni il segreto!

알겠어. 하지만 보물을 찾으면 나에게도 조금 줘야해!
Capito. Ma se trovi il tesoro, devi darmene un po'!

당연하지, 내 가장 친한 친구니까.
Certo, perché sei il mio amico più stretto.

보물을 찾으면 무엇을 할까?
Cosa dovrei fare se trovo il tesoro?

그 돈으로 세계일주를 해야겠다!
Dovrei fare un viaggio intorno al mondo con i soldi!

새로운 친구들을 만들고, 멋진 문화를 경험하고.
Stringere nuove amicizie e conoscere culture interessanti.

돌아와서 모두에게 이야기 해 줘야지.
Le condividerò con tutti quando tornerò.

- 다음날 아침 -
- La Mattina Successiva -

엄마! 친구들과 소풍 갈게요.
Mamma! Vado a fare picnic con i miei amici.

그래, 조심히 다녀오거라. 너무 늦지 않게 돌아오고!
Va bene, fai buon viaggio. Torna prima che faccia tardi!

한 걸음, 두 걸음, 드디어 호수에 도착했다.
Un passo, due passi, arrivo finalmente al lago.

바로 저기에 보물이 있겠구나!
Il tesoro deve trovarsi lì!

옷을 벗고, 수영복으로 갈아입자.
Mi tolgo i vestiti e mi metto il costume da bagno.

첨벙! 물에 뛰어든다.
Splash! Salto in acqua.

아이 차가워! 너무 차가워서 더 이상은 들어갈 수 없어!
Oh, fa freddo! È troppo freddo, e non posso andare più avanti.

여름이 되면 다시 와야겠다.
Devo tornare quando sarà estate.

그때까지 보물이 있어야 할텐데...
Spero che il tesoro rimanga qui fino ad allora...

그래! 여기에 안내 팻말을 세워놓자.
Giusto! Mettiamo su un cartello qui.

<호수 바닥에 보물 없음>
<NESSUN TESORO sul fondo del lago>

이러면 아무도 모르겠지?
Se faccio così, nessuno dovrebbe scoprirlo, giusto?

난 정말 똑똑해!
Sono furbissimo!

민호의 눈사람
Il Pupazzo di Neve di Minho

이번 겨울에는 눈이 굉장히 많이 내리는구나!
Quest'inverno sta nevicando molto!

엄마, 저 밖에 나가서 눈 갖고 놀아도 돼요?
Mamma, posso uscire a giocare con la neve?

그래, 하지만 감기에 걸리지 않도록 옷을 껴입고 나가도록 해.
Certo, ma assicurati di indossare vestiti caldi per non prendere freddo.

네 엄마, 장갑이랑, 부츠랑, 털모자를 쓰고 나갈게요.
Sì, mamma, metterò i guanti, gli stivali e un cappello peloso.

민호가 문을 열자 매서운 바람이 세차게 몰아쳤다.
Mentre Minho apriva la porta, un vento impetuoso irruppe.

와! 정말 춥구나. 이런 겨울에는 밖에 있기가 정말 힘들겠어.
Wow! Fa davvero freddo. Dev'essere difficile stare fuori in questo inverno.

밖에서 일하는 사람들도 따뜻하게 지냈으면 좋겠다.
Uscendo, il cortile davanti era completamente bianco.

문 밖으로 나가자, 앞 마당은 온통 하얀색이었다.
È nevicato copiosamente negli ultimi giorni, tanto da arrivare fino alle caviglie di Minho.

지난 며칠동안 눈이 왔고, 민호의 발목까지 쌓여있었다.
È nevicato copiosamente negli ultimi giorni, tanto da arrivare fino alle caviglie di Minho.

좋았어! 이빈 여름에 해변에서 모래성을 만들었던 것과 비슷해!
Fantastico! È come quando facevo i castelli di sabbia in spiaggia l'estate scorsa!

여기 있는 하얀 눈으로 예쁜 눈사람을 만들어야지!
Dovrei fare un bel pupazzo di neve con questa neve bianca!

민호는 눈을 모아 덩어리를 만들고,
덩어리를 굴려 더 큰 덩어리를 만들었다.
Minho raccoglieva neve e la arrotolava formando una palla più grande.

제법 크기가 커진 큰 눈 덩어리를 바닥에 고정시키고,
Fissava saldamente la grossa palla di neve a terra

그것보다 조금 작은 눈 덩어리를 그 위에 고정시켰다.
e ne posizionava una leggermente più piccola sopra.

하지만 아직 뭔가 부족해! 민호는 혼잣말을 했다.
Ma manca qualcosa! Mormorava tra sé Minho.

그래, 눈, 코, 입이 필요하겠어.
Giusto, mi servono occhi, un naso e una bocca.

어디보자… 눈은 여기있는 까망색 돌을 붙이고,
Vediamo... posso usare questi sassi neri per gli occhi,

코는 저기 있는 나뭇가지를 사용하면 되겠지?
un rametto là per il naso?

입은… 그래! 나뭇잎을 붙여보자!
e che ne dici di usare delle foglie per la bocca!

하나씩 하나씩, 드디어 얼굴이 완성되었다!
Uno dopo l'altro, il volto fu completato!

제법 사람같은데! 내 친구 해도 되겠다!
Sembra proprio un essere umano! Sarai il mio amico!

반가워, 눈사람 친구! 내 이름은 민호야.
Piacere di conoscerti, amico pupazzo di neve! Mi chiamo Minho.

우리 앞으로 사이좋게 지내자.
D'ora in poi andiamo d'accordo.

민호야! 저녁 먹을 시간이다!
Minho! È ora di cena!

이런, 시간 참 빨리 가는군!
Oh no, il tempo vola!

눈사람 만드느라 정신이 없었네.
Ero impegnato a costruire un pupazzo di neve.

네! 엄마, 바로 들어갈게요! 잠시만요!
Arrivo, mamma! Un attimo!

눈사람 친구! 미안하지만 얼른 저녁을 먹고 올게. 잠시 기다려줘.
Il mio amico pupazzo di neve! Mi dispiace, ma mangerò velocemente e tornerò. Aspettami.

아, 그런데 너 너무 춥겠구나… 이렇게 있으면 안되겠어.
Ah, ma devi avere così freddo... non posso lasciarti così.

그래, 내가 방에 가서 옷을 가져올게!
Ok, andrò in camera mia e prenderò qualche vestito!

자, 여기 내 털모자도 쓰고, 오리털 외투도 입고… 따뜻하지?
Ora, mettiti il mio cappello peloso, indossa questo cappotto di piume d'anatra... abbastanza caldo?

음… 하지만 이정도로는 충분하지 않아.
아! 더 좋은 생각이 있다.
Beh... non è ancora sufficiente. Ah! Ho un'idea migliore.

캠프파이어를 만들어 주면 따뜻하게 지낼 수 있을거야.
Accendiamo un fuoco; così possiamo stare al caldo.

여기에 장작을 쌓고, 기름을 뿌리고, 성냥을 켜자!
Metto qui la legna, spruzzo un po' di olio e accendo gli fiammiferi!

화르르 - 불이 붙었다.
Fuuu - il fuoco si accende.

와~ 성공이다! 내가 저녁을 먹고 올 동안, 따뜻하게 있어!
금방 올게!
Wow, ha funzionato! Sarò al caldo mentre mangio e tornerò!
Torno subito!

허겁지겁 저녁을 먹고 돌아온 민호가 앞 마당으로 뛰어나간다.
Mangiando in fretta e tornando, Minho corse nel cortile.

눈사람 친구! 내가 돌아왔… 이럴수가? 어디로 갔지?
Amico pupazzo di neve! Sono tornato... Cosa? Dove è andato?

친구야! 어디갔니? 그 새 어디로 간거야?
Ehi, amico! Dove sei? Dove sei andato così all'improvviso?

내가 준 옷은 다 여기에 버려두고, 어디로 간거야?
Hai lasciato qui i vestiti che ti ho dato; dove sei finito?

캠프파이어도 그대로 있는데, 어디로 간거야?
Il fuoco è ancora acceso; dove sei andato?

I FILE AUDIO MP3 SCARICABILI per questo libro sono disponibili su newampersand.com/storie

일년 중 가장 마법같은 시간
Il Momento Più Magico dell'Anno

들어 보세요. 당신의 가슴이 하는 이야기를.
Ascolta. Ascolta la storia che il tuo cuore racconta.

눈을 떠 보세요. 이 세상의 놀라운 것들에 눈을 떠 보세요.
Apri gli occhi. Apri gli occhi sulle meraviglie di questo mondo.

눈을 감아 보세요.
눈을 감아 이 세상으로부터 당신을 자유롭게 하세요.
Chiudi gli occhi. Chiudi gli occhi e libera te stesso da questo mondo.

그리고 추억의 나라로 여행을 떠나 보세요.
E intraprendi un viaggio nella terra dei ricordi.

모든 것이 아름답게 보였던 그 때로.
A quel tempo quando ogni cosa sembrava bella.

당신을 사랑하는 사람들에게 둘러싸여있던 그때로!
A quel tempo quando eri circondato dalle persone che ti amavano!

하나, 하나, 조심스럽게 선물을 열던 그 때를 생각해 보세요.
Pensa ai momenti in cui hai aperto con cura ogni regalo.

그리고 상자 안에 무엇이 있었는지 기억해 보세요.
E ricorda cosa c'era dentro la scatola.

양말? 장난감? 책? 잘 기억은 안나지만,
어떤 느낌이었는지는 알거에요.
Calze? Giocattoli? Libri? Potresti non ricordartelo di preciso,
ma sai come ci si sentiva.

그것은 부모님의 무조건적인 사랑이었습니다.
Era l'amore incondizionato dei tuoi genitori.

이제 눈을 떠서 주위를 둘러보세요.
Ora, apri gli occhi e guardati intorno.

선물을 열어보는 아이들을 보세요.
Vedi i bambini che stanno aprendo i regali.

당신의 가슴속에 항상 간직했던 그 선물들.
I regali che sono sempre stati custoditi nel tuo cuore.

당신이 받았었던 그 사랑을 물려줍니다.
Trasmettendo l'amore che hai ricevuto.

그래서 당신의 아이들도 똑같이 할 수 있게.
Così che i tuoi figli possano fare lo stesso.

숲의 속삭임
Sussurri della Foresta

우리를 찾는 사람들은 우리가 조용하다며 좋아하지.
Coloro che ci cercano sembrano apprezzare il nostro silenzio.

시끄러운 도시를 떠나, 고요한 평화를 얻을 수 있다고 하면서.
Dicono che possiamo trovare una vera pace lontano dalla rumorosa città.
Inspirate profondamente,

마음껏 공기를 들이마시고,
Inspirate profondamente,

우리와 함께 호흡하지.
Respirate in armonia con noi.

하지만 우리는 조용하지 않아.
Ma non siamo in silenzio.

우리는 계속해서 속삭이고 있어.
Continuiamo a sussurrare.

우리는 아프다고. 우리는 상처받고 있다고.
Soffriamo. Siamo feriti.

큰 소리로 말하고 있지만, 사람들은 듣지 못해.
Parliamo ad alta voce, ma le persone non sentono.

이 곳에 사는 짐승들도, 동물들도 속삭이고 있어.
Le creature che vivono qui, gli animali, sussurrano anche loro.

하지만 아무도 이해하지 못해.
Ma nessuno capisce.

우리가 사라지면, 사람들도 사라지게 될 것이라는 것을.
Se noi sparissimo, anche le persone sparirebbero.

생각해보니, 속삭임은 부족한 것 같아.
Pensandoci, i sussurri non sembrano sufficienti.

이제 큰 소리로 외쳐야겠어.
Ora dobbiamo gridare forte.

우리의 경고를 무시하지 말라고.
Non dovrebbero ignorare i nostri avvertimenti.

I FILE AUDIO MP3 SCARICABILI per questo libro sono disponibili su newampersand.com/storie

축구공의 인생
La Vita di un Pallone da Calcio

두드려 맞는 것을 좋아하는 사람이 세상에 있을까?
C'è qualcuno al mondo che ama essere calciato di qua e di là?

매일 사람들의 발에 차이는 것을 좋아하는 사람은 없을거야.
Probabilmente non c'è nessuno che apprezza di essere pestato ogni giorno.

하지만 나는 그렇지 않아.
Ma io sono diverso.

발에 차이고, 멀리 날아가고, 굴러다니는게 나의 인생이야.
Essere calciato, volare lontano e rotolare in giro: questa è la mia vita.

아프긴 하지만, 기분은 좋아.
Fa male, ma è piacevole.

내가 얼마나 인기가 많은지 아니?
Sai quanto sono popolare?

사람들은 서로 나를 갖기 위해 경쟁을 해!
Le persone competono per avermi!

나를 갖게되면 모든 사람들이 환호하지.
Una volta che mi ottengono, tutti applaudono.

그리고 나를 얼마나 아끼는지 아니?
E sai quanto si prendono cura di me?

내가 운동장 밖으로 나갈까봐 다들 조심하지.
Si preoccupano tutti affinché non finisca fuori dal campo.

많이 아프긴 하지만, 내가 주인공이야!
Fa molto male, ma sono la stella!

바람이 전부 빠지기 전까지는.
Fino a quando tutto il mio aria non se ne va.

I FILE AUDIO MP3 SCARICABILI per questo libro sono disponibili su newampersand.com/storie

거울의 반대편에는
Dall'Altra Parte dello Specchio

거울의 반대편에는 누가 있을까?
Chi potrebbe trovarsi dall'altra parte dello specchio?

나의 모든 비밀을 알고 있는 너!
Tu, che conosci tutti i miei segreti!

혹시, 나를 너무 좋아하는 사람이 아닐까?
Forse qualcuno che mi ama troppo?

나의 얼굴을 매일 보고싶어 하는 그런 사람!
Qualcuno che vuole vedere il mio viso ogni giorno!

내가 없을때는 무엇을 할까?
Cosa fa quando non sono lì?

내가 오기만을 기다릴까?
Aspetta solo il mio ritorno?

아니면, 잠깐 쉬면서 잠을 잘까?
O si prendeo un momento per riposare e dormire?

네가 없었으면, 나도 내가 어떻게 생겼을지 몰랐을거야.
Senza di me, non saprei come sono fatto.

솜털가득한 아기때부터, 주름 가득한 늙은이까지.
Da quanto ero un bambino soffice sino alle rughe da anziano.

언제나 함께 해준 친절한 거울아, 고마워!
Sempre presdente, ,mio gentile specchio mio, grazie!

거울의 반대편에는 2
Dall'Altra Parte dello Specchio 2

사람들은 참 이상하다.
Le persone sono davvero particolari.

나에게 비친 자신의 얼굴을 보며 잘생겼다고 흡족해하고,
Guardano i loro volti riflessi, soddisfatti del loro aspetto,

얼굴을 찡그리며 못생겼다고 화를내고,
storcono il naso di fronte a presunte imperfezioni, esprimendo frustrazione,

여드름이 났다고 짜증을 낸다.
e si irritano per un solo brufolo.

하지만 사람들은 모르나보다.
Ma forse le persone non sono consapevoli.

겉모습이 전부가 아니라는 것을!
Che l'aspetto esterno non è tutto!

그래서 나는 가끔 생각해본다.
Quindi, a volte rifletto.

만약 내가 없어진다면,
Se dovessi scomparire,

사람들은 조금 더 솔직해질까?
Le persone diventerebbero un po' più sincere?

겉보다는 내면의 아름다움을 볼 수 있을까?
Vedrebbero la bellezza interiore anziché che solo la superficie?

시계의 고민
Il Dilemma dell'Orologio

모두들 알겠지만, 내가 하는 일은 정말 간단해.
Come tutti sanno, il mio lavoro è davvero semplice.

지금이 몇시인지 알려주는거야.
Mi limito a dire alle persone che ore sono in questo momento.

그런데 사람들은 나한테 화만내지.
Ma sembra che la gente si arrabbi con me.

너무 빨리 간다고, 너무 느리게 간다고.
Mi incolpano di andare troppo veloce o troppo lento.

나는 정말 이해할 수가 없어!
Sinceramente, non riesco a capire!

내가 시간을 조절하는게 아니야!
Io non controllo il tempo!

나는 누구에게나 공평해.
Sono equo con tutti.

시간을 잘 활용하는 것은 너의 책임이야.
La responsabilità di utilizzare il proprio tempo in modo saggio è solamente tua.

아무리 비싼 시계라도, 시간을 느리게 가게 할 수는 없어.
Non importa quanto costoso sia l'orologio,
non posso far passare il tempo più lentamente.

물론, 더 빠르게 가게 할 수도 없지.
E ovviamente, non posso farlo passare più velocemente.

나에게 뭐라고 하지마! 나는 아무것도 잘못한게 없어!
Non incolparmi! Non ho fatto nulla di sbagliato!

사람에 따라 다르다
DaDipende dalla Persona

날카로운 칼은, 의사가 집으면 사람을 살리고,
Un coltello affilato, maneggiato da un medico, può salvare vite,

어머니가 집으면 맛있는 요리를 만드는 도구가 된다.
Quando è nelle mani di una madre, diventa uno strumento per creare piatti deliziosi.

하지만 나쁜 마음을 가진 사람이 집으면,
Tuttavia, nelle mani di qualcuno con intenzioni cattive,

누군가의 재물과 목숨을 빼앗는 끔찍한 무기가 된다.
Si trasforma in un terribile strumento, rubando la ricchezza e la vita di qualcuno.

힘도 마찬가지.
La forza non fa eccezione.

착한 마음을 가진 사람이 사용하면 모두에게 도움이 되지만,
Usata da chi ha un cuore gentile, fa del bene a tutti,

나쁜 마음을 가진 사람이 사용하면 모두에게 해가 된다.
Ma nelle mani di chi ha cattive intenzioni, fa del male a tutti.

좋은 사람이 되고 나쁜 사람이 되는 것은
Diventare una persona buona o cattiva

스스로 결정해야 하는 문제.
è una questione che ognuno deve decidere per sé.

태어나서 죽기까지,
Dalla nascita fino alla morte,

우리에게 주어진 시간!
il tempo che ci è stato dato!

좋은 인생을 사느냐,
Condurremo una vita buona,

쓸모없는 인생을 사느냐!
o vivremo una vita senza valore?

우리가 대답해야 할 문제.
È una domanda alla quale dobbiamo rispondere.

I FILE AUDIO MP3 SCARICABILI per questo libro sono disponibili su newampersand.com/storie

자유를 찾아서
Alla Ricerca della Libertà

옛날에 어느 한 섬에, 어린 소년이 있었어요.
C'era una volta, su un'isola, un giovane ragazzo.

어부인 아버지와 함께 물고기를 잡고있었어요.
Andava a pescare con suo padre, un pescatore.

그런데 그 소년은 물고기가 불쌍하다고 느꼈어요.
Tuttavia, il ragazzo provava compassione per i pesci.

"아빠, 물고기도 자유롭게 수영하고 싶겠죠?"
"Papà, i pesci non vorrebbero nuotare liberamente anche loro?"

"그렇겠지. 하지만 우리도 먹고 살아야 하지 않겠니?"
"Credo di sì. Ma noi dobbiamo anche mangiare e vivere, no?"

걱정스러운 얼굴로 아들을 바라보았어요.
Suoi padre lo guardò con un'espressione preoccupata.

오늘도 그물망 가득 물고기를 잡았어요.
Oggi hanno pescato una rete piena di pesci,

어림짐작으로, 오백 마리는 넘는 것 같았어요.
probabilmente più di cinquecento.

아버지가 잠시 자리를 비운 사이,
Mentre il padre era momentaneamente assente,

소년은 물고기를 모두 바다에 돌려보냈어요.
il ragazzo ha liberato tutti i pesci di nuovo in mare.

"애들아! 자유를 즐기거라!"
"Andate, godetevi la vostra libertà!"

아버지가 돌아와서 물어보았어요.
Quando il padre tornò, chiese,

"물고기들은 어디갔니?"
"Dove sono andati i pesci?"

"자유를 찾아 떠났어요."
"Sono partiti alla ricerca della libertà."

아버지는 무슨 의미인지 정확히 알았지만, 화를 내지 않았어요.
Il padre capì esattamente il significato, ma non si arrabbiò.

자신도 어렸을때, 똑같이 했었거든요,
Anche lui lo aveva fatto da giovane.

I FILE AUDIO MP3 SCARICABILI per questo libro sono disponibili su newampersand.com/storie

하늘에 그림을 그려보아요!
Disegnare Immagini nel Cielo!

나는 구름이야. 나는 때로는 하나의 큰 덩어리로,
때로는 아주 작은 조각으로 살지.
Sono una nuvola. A volte vivo come un unico grande blocco e altre volte
come minuscoli frammenti.

이 세상에 나만큼 다양한 것이 있을까?
Esiste qualcosa di così diversificato come me in questo mondo?

토끼, 공, 심지어 독수리까지!
Conigli, palloni e persino aquile!

내가 만들지 못할 모양은 없어.
Non c'è forma che io non possa creare.

하지만 햇살이 강한 날에는, 나는 보이지 않아.
Ma nei giorni in cui la luce del sole è forte, svanisco.

너무 뜨거우면 나는 사라지거든.
Se fa troppo caldo, scompaio.

내가 어떻게 움직이는지 알고싶어?
Vuoi sapere come mi muovo?

가만히 바람에 몸을 맡기곤, 이리 저리 움직이지.
Basta lasciarsi trasportare dal vento, ondeggio qua e là.

어디로 가는지, 어디에서 왔는지는 나도 몰라.
Non so dove sto andando o da dove vengo.

하지만 나는 이 생활이 즐거워
Ma mi godo questa vita.

하늘을 캔버스로 삼아 다양한 그림을 그리며,
Utilizzando il cielo come la mia tela, disegno varie immagini,

사람들에게 즐거움을 주는거야.
portando gioia alle persone.

오늘은 무슨 그림을 그려볼까?
Che tipo di immagine dovrei disegnare oggi?

숟가락 대 포크
Cucchiaio vs. Forchetta

내가 최고야! 아니, 내가 최고야!
"Sono il migliore! No, io sono il migliore!"

무슨 소리야? 숟가락이 없으면 국을 어떻게 먹어?
"Ma cosa stai dicendo? Come si può mangiare la zuppa senza un cucchiaio?"essen?

무슨 소리야? 포크가 없으면 고기를 어떻게 집을 수 있어?
"Ma cosa stai dicendo? Come si può prendere la carne senza una forchetta?"

숟가락과 포크가 말다툼을 하고 있다.
Il cucchiaio e la forchetta stanno litigando.

각자의 장점을 뽐내며, 상대방의 단점을 깎아내린다.
Vantano i loro punti di forza e criticano i difetti l'uno dell'altro.

만약 우리 둘 중 하나만 골라야 한다면?
Se dovessimo sceglierne solo uno di noi?

서로 자기 말이 맞다고 주장한다.
Entrambi insistono sul fatto che il loro modo sia il modo giusto.

그래? 그럼 오늘 저녁 식사때 보면 알겠지!
"Oh sì? Vedremo stasera a cena!"

분명히 나를 선택할거야!
Sarò sicuramente io il prescelto!

둘이 한 목소리로 외친다.
Gridano all'unisono,

"엄마, 오늘 저녁 메뉴는 뭐에요?"
"Mamma, cosa c'è per cena stasera?"

"햄버거 사왔어! 손 씻고 와서 먹거라."
"Ho comprato degli hamburger! Lavati le mani e vieni a mangiare."

손을 깨끗이 씻고 온 아이가, 햄버거를 손으로 집고 먹기 시작했다.
Il bambino, che si è lavato le mani, prende l'hamburger con le mani e inizia a mangiare.

숟가락과 포크는 서랍안에서 아무 말도 하지 않았다.
Il cucchiaio e la forchetta rimangono in silenzio nel cassetto.

I FILE AUDIO MP3 SCARICABILI per questo libro sono disponibili su newampersand.com/storie

인류의 미스테리
Il Mistero dell'Umanità

우리는 어디에서 왔을까?
Da dove veniamo?

애초에는 아무것도 없던 그 곳에,
All'inizio, in un luogo dove non c'era nulla,

이 땅에 가장 처음 온 사람들은 누구였을까?
chi furono le prime persone a mettere piede su questa terra?

무엇을 먹으며 살았을까?
Cosa mangiavano per sopravvivere?

그들은 무슨 생각을 했을까?
Quali pensieri attraversavano le loro menti?

만약 지금 만난다면, 우리는 대화할 수 있을까?
Se li incontrassimo ora, potremmo sostenere una conversazione?

알고 싶은게 너무 많고, 알려 주고 싶은 것도 너무 많다.
Ci sono così tante cose che vogliamo sapere, tante che vogliamo condividere.

그들은 우리에게 무슨 말을 하고 싶을까?
Cosa vorrebbero dirci?

많은 것을 가지고 있다고 부러워할까?
Ci invidierebbero per avere così tanto?

아니면 너무 많은 것을 가지고 있다고 걱정할까?
O si preoccuperebbero che abbiamo troppo?

우리는 무슨 말을 해야 할까?
Cosa dovremmo dire?

당신은 너무 가진데 없다고 걱정해야 할까?
Dovresti preoccuparti di non avere abbastanza?

아니면 가진게 없는것이 부럽다고 말해야 할까?
O dovresti dire che è invidiabile non avere molto?

I FILE AUDIO MP3 SCARICABILI per questo libro sono disponibili su newampersand.com/storie

친애하는 나의 주인님께
Al Mio Caro Padrone

멍! 멍!
Bau! Bau!

또 하루 행복한 아침이 밝았습니다!
È sorto un altro mattino felice!

저는 오늘도, 어제와 같이, 충성스러운 강아지가 되겠습니다!
Oggi, proprio come ieri, sarò il tuo fedele cane!

집안 곳곳을 돌아다니며 문제가 없는지 살펴보고,
Gironzolerò per la casa per assicurarmi che tutto vada bene,

수상한 사람이 집에 들어오지 못하도록 감시하겠습니다.
e farò attenzione affinché nessuna persona sospetta possa entrare.

깜빡 잠이 들어도, 귀는 열어놓겠습니다.
Anche se schiaccio un pisolino, le mie orecchie saranno attente.

코는 항상 촉촉하게 유지해서,
냄새를 잘 맡을 수 있게 관리하겠습니다.
Terrò il mio naso sempre umido in modo da poter annusare bene,

오븐안에서 요리가 타버릴 경우를 대비해서요!
nel caso in cui qualcosa nel forno si bruci!

그리고, 모든 가족 구성원들에게 사랑을 드리겠습니다.
E riverserò amore su tutti i membri della famiglia.

어린 아이들에게는 재미있는 친구가 되어주고,
Sarò un compagno divertente per i bambini,

노인분들께는 안내자가 되어주겠습니다!
e sarò una guida per gli anziani!

하루의 일과를 마치면 녹초가 되지만,
Anche se sarò esausto dopo una giornata di lavoro,

머리를 한번 쓰다듬어주면 저는 행복할 겁니다.
una carezza sulla testa mi renderà felice.

그 것만으로도 저는 충분합니다.
Quello è più che sufficiente per me.

I FILE AUDIO MP3 SCARICABILI per questo libro sono disponibili su newampersand.com/storie

마법의 성
Il Castello Magico

어렸을때 나는, 마법의 성의 존재에 대해서 알고 있었어요.
Da bambino, sapevo dell'esistenza del Castello Magico.

엄마, 아빠는 전혀 알지 못하는, 나만 알고 있는 마법의 성!
Un castello magico che solo io conoscevo, sconosciuto a mia mamma e papà!

그 성에 가는 것은 결코 쉽지 않았어요.
Non è mai stato facile raggiungerlo.

수 많은 괴물들을 무찔러야 했고,
Dovevo sconfiggere molti mostri,

어두움 속에서도 앞으로 나아가야 했고,
muovermi nell'oscurità e

무엇보다, 다시는 되돌아 올 수 없을까봐 두려웠어요.
soprattutto, avevo paura di non poter più tornare.

하지만 어려움을 이겨내고 그 곳에 도착하면,
Ma quando alla fine arrivavo dopo aver superato le difficoltà

세상의 모든 행복을 다 가진 것 같았어요.
mi sentivo come se avessi tutta la felicità del mondo.

화려한 장식과 아름다운 조각상들,
Decorazioni colorate, bellissime statue

달콤한 과일들과 아름다운 노랫소리!
frutti dolci e canzoni meravigliose!

뿐만 아니에요!
E non solo!

성 안쪽 가장 깊숙한 곳에는 보물창고가 있었는데,
Nella parte più interna del castello c'era un tesoro

온갖 진귀한 보물들이 있었어요
con ogni tipo di rara meraviglia.

금보다 더 값지고, 루비보다 더 영롱한!
Più prezioso dell'oro e più brillante dei rubini!

집에 가져가서 엄마에게 드리고 싶었지만,
Volevo portarli a casa e regalarli a mia mamma

마법의 성 안에 있는 물건들은 밖으로 가지고 나갈 수 없었어요.
ma gli oggetti nel Castello Magico non potevano essere portati fuori.

마법의 성에 가면, 언제나 저를 안내해 주는 사람이 있었어요.
Quando andavo al Castello Magico, c'era sempre qualcuno che mi faceva da guida.

몇 살인지 가늠하기 어렵지만, 목소리는 어린 아이 같았어요.
Era difficile dire quanti anni avesse,
ma la sua voce sembrava come quella di un bambino.

그 사람은 저에게 경고했어요
Mi avvertì che

이 곳은 어린이만 올 수 있는 곳이라고요.
è un luogo dove possono venire solo i bambini.

순수한 마음을 가진 어린이에게만 보이는 곳이라고 말했어요.
Visibile solo ai bambini dal cuore puro.

시간이 흘러, 저도 어른이 되었어요.
Col passare del tempo, diventai adulto

하루 종일 일 하고 돌아오면 지쳐서 잠들었죠.
e quando tornavo a casa dopo una giornata di lavoro,
crollavo immediatamente esausto nel sonno.

하루는, 옛날 친구들이 보고싶어 사진첩을 뒤적이다가,
Un giorno, sfogliando l'album fotografico perché volevo vedere i miei vecchi amici,

마법의 성이 생각났어요.
mi tornò in mente il Castello Magico.

그래! 나의 추억이 있는 곳!
Sì! Il luogo dove sono conservati i miei ricordi!

마법의 성으로 여행을 떠나보자!
Facciamo visita al Castello Magico!

눈을 감고, 마법의 성으로 가는 지도를 머릿속에 그려보았어요.
Chiusi gli occhi e disegnai mentalmente una mappa per il Castello Magico.

하지만 이게 웬걸?
Ma cosa succede?

그 지도는 더이상 보이지 않았어요.
Non riuscivo più a vedere la mappa.

항상 그 곳에 영원히 있을 것 같았던 마법의 성.
Il Castello Magico che sembrava rimanere lì per sempre.

어른이 되어버린 나에게는,
Per me, diventato adulto

이제는 두번 다시 갈 수 없는 곳이 되어버렸어요.
è diventato un luogo dove non posso più tornare.

I FILE AUDIO MP3 SCARICABILI per questo libro sono disponibili su newanperseyd.com/storie

초능력을 골라보세요
Scegli il Tuo Superpotere

만약 초능력을 하나 고를 수 있다면,
Se potessi scegliere un superpotere,

당신은 어떤 것을 고를건가요?
Quale sceglieresti?

제가 몇가지 제안을 해볼게요.
Lascia che ti faccia alcune proposte.

세상의 모든 사물들과 소통할 수 있는 능력은 어때요?
Che ne dici della capacità di comunicare con tutto nel mondo?

함께 뛰어노는 강아지와 재밌는 이야기를 나누고,
Divertiti a conversare con il tuo cane che corre in giro,

안전하게 집을 지켜주는 현관문에게도 고맙다고 말할 수 있어요.
E puoi anche ringraziare la porta d'ingresso per mantenere sicura la casa.

어때요? 정말 멋지죠?
Cosa ne pensi? Non sarebbe incredibile?

이건 어때요?
Che ne dici di questa?

멀리 있는 사람에게 텔레파시를 통해 대화하는 능력이요!
La capacità di comunicare con persone lontane attraverso la telepatia!

미국에 있는 친구나, 아프리카에 있는 친구에게!
Con i tuoi amici in America o in Africa!

편지를 쓰지 않아도 돼요!
Non devi scrivere una lettera!

아하! 요즘에는 대신 이메일을 사용하면 되는구나!
Aha! Puoi usare l'email al giorno d'oggi!

그러면... 제가 더 생각 해볼게요.
Se è così... Lascia che ci pensi un po' di più.

음... 순간이동은 어때요?
Uh... che ne dici del teletrasporto?

원하는 곳으로 순식간에 이동하는 능력!
La capacità di spostarti rapidamente dove vuoi andare!

아, 그런데 안좋은 점도 있겠네요.
Oh, ma potrebbero esserci alcuni problemi.

예를들어...
Ad esempio...

내가 화장실에 있을때 갑자기 내 여자친구가 나타난다면?
Cosa succederebbe se la mia ragazza comparisse improvvisamente mentre sono in bagno?

너무 창피할 것 같아요!
Sarebbe veramente imbarazzante!

이것도 안되겠다...
Meglio di no.

아픈 사람을 치료해주는 마법의 손?
Mani magiche per curare le persone malate?

우와! 이거 정말 유용하겠네요!
Wow! Questo sarebbe davvero utile!

만약 이 능력을 가졌다면,
Se avessi questa abilità,

가장 먼저 누구를 치료해 주고 싶은가요?
chi vorresti curare per primo?

I FILE AUDIO MP3 SCARICABILI per questo libro sono disponibili su newampersand.com/storie

저는 우리 할머니에게 곧바로 갈거에요!
Andrei subito dalla mia nonna!

항상 허리가 아프다고 말씀하셨거든요.
Dice sempre che le fa male la schiena.

손만 닿아도 곧바로 나을 수 있다면 정말 좋겠어요.
Sarebbe davvero bello se potesse guarire subito con un solo tocco.

그럼 의사 선생님들은 무얼 해야하지?
E cosa dovrebbero fare i medici?

병원도 모두 없어지겠네요?
Tutti gli ospedali sparirebbero, giusto?

병원이 없어진 곳에는
Dove scomparirebbe l'ospedale,

어린이들의 놀이터가 생기면 좋겠어요!
spero ci sarà un parco giochi per bambini!

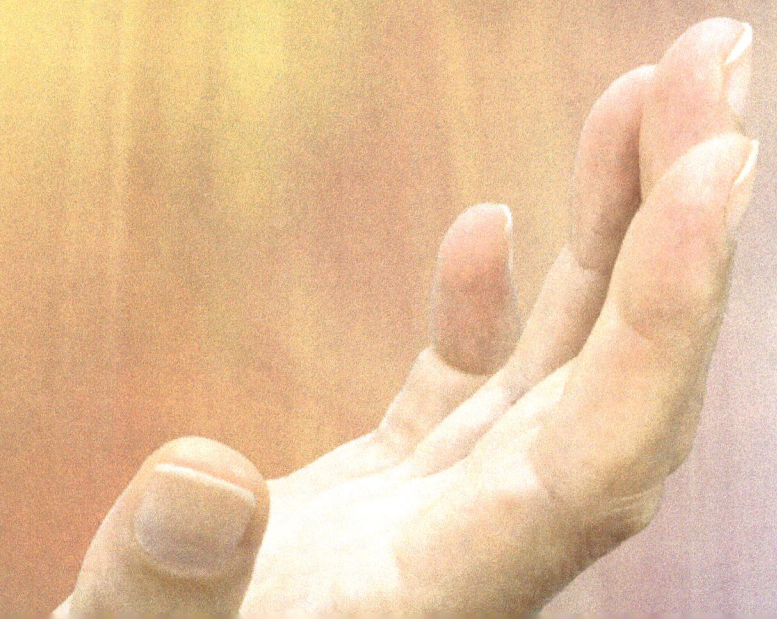

I FILE AUDIO MP3 SCARICABILI per questo libro sono disponibili su newampersand.com/storie

하늘을 자유롭게 날아다니는 능력은 어때요?
Che ne dici della capacità di volare liberamente nel cielo?

차가 막히는 시간에도,
Anche quando c'è traffico,

약속 시간에 절대 늦지 않을거에요!
Non arriverai mai in ritardo ad alcun appuntamento!

세상의 모든 지식을 다 가질 수 있는 능력은 어떨까요?
E se avessi la capacità di avere tutte le conoscenze del mondo?

인류의 역사에서부터, 우리의 미래까지!
Dalla storia umana al nostro futuro!

알고 싶은 것은 다 알 수 있어요.
Puoi sapere tutto ciò che vuoi sapere.

아... 하지만 머리가 너무 아플 수 있겠다!
Oh, ma potrebbe farti male la testa!

왜냐면, "모르는게 약이다" 라는 말이 있으니까요.
Perché c'è un detto, "L'ignoranza è felicità."

I FILE AUDIO MP3 SCARICABILI per questo libro sono disponibili su newampersand.com/storie

그래도, 상상만 해도 즐겁네요!
Tuttavia, solo immaginarlo mi rende felice!

어쩌면, 이렇게 상상할 수 있는 것도 초능력 아닐까요?
Forse, solo essere in grado di immaginare è anche un superpotere, non credi?

Altri libri su newampersand.com

www.ingramcontent.com/pod-product-compliance
Lightning Source LLC
LaVergne TN
LVHW081458060526
838201LV00057BA/3065